Howie .
Evergr
April, 89